AF330449

DISCOURS

Prononcé le 14 Juillet, jour de la Fédération, dans la principale église du Département de la Manche, en présence de la Garde Nationale, par JEAN - ANDRÉ MICHEL, Licencié ès Loix de la Faculté de Paris, Vicaire épiscopal, Electeur & Président de la Société des Amis de la Constitution séante à Coutances.

'A MESSIEURS

De la Garde Nationale du Département de la Manche.

FRERES ET AMIS,

DANS l'ancien régime, de grands noms, selon les préjugés, ornoient souvent de petits ouvrages ; aujourd'hui on ne connoît plus ces ruses de l'intérêt, de

A

la flatterie ou de la bassesse. L'écrivain patriote, le citoyen libre n'aiment que l'égalité, & ne rendent hommage qu'à la vertu. En vous dédiant mon discours, j'ai voulu vous faire connoître les senti- ments que vous m'avez inspirés ; j'ai voulu honorer autant qu'il est en moi le civisme de mes amis, & les vertus de mes freres. C'est vous dire que je vous regarde comme les intrépides défenseurs des droits de l'homme & du citoyen, comme les soutiens de la patrie & les héros de la liberté. Tels sont les senti- mens avec lesquels je suis,

F R E R E S   E T   A M I S ,

Votre très-humble & très- obéissant serviteur,
MICHEL, Vic. épiscopal.

DISCOURS.

Cum magnâ reverentiâ disponis nos.
Vous respectez, Seigneur, la liberté de
vos créatures. *Sap. c. 12 . v. 18.*

Sɪ l'Être suprême respecte la liberté de
l'homme, si la moralité de nos actions dé-
pend de ce don précieux, de ce premier de
tous les biens, que nous ne pouvons allié-
ner sans dégrader notre nature, comment
s'est-il pu trouver des hommes assez ambitieux & assez ennemis de l'humanité, pour
vouloir assujétir leurs semblables, & ré-
gner despotiquement sur eux ? Pour com-
mettre un tel attentat contre le genre humain, il faut oublier tous les principes,
perdre de vue la dignité de l'homme, la noblesse de son origine, la grandeur de ses
destinées, il faut le confondre avec les ani-
maux sur lesquels Dieu lui donna un empire absolu. *Tu dominaberis eis.* Gen.

Ils ne sont plus, Freres, ces temps malheureux où l'homme oubliant ses droits, rampoit en esclave devant l'idole de ses mains. La Nation Françoise avilie, mais non vile, se reveille d'un sommeil de douze cents ans ; c'est le réveil terrible du lion. Là voix puissante de la Liberté s'est fait entendre. Elle a retenti jusqu'au fond du cœur de tous les François. A ces fiers accents les orgueilleux ramparts du despotisme ont tombé, nos fers se sont brisés, & en moins de trois jours, la France étonnée d'être libre a vu s'opérer la plus glorieuse révolution qui se soit opérée sur le globe. Citoyens, c'est des avantages & de l'usage de la liberté dont je vais vous entretenir quelques instants. Vos lumieres suppléeront à ce qui manque à ce discours. Heureux mille fois si je puis répondre en partie aux vœux de mes concitoyens !

Qu'est-ce que la liberté ? C'est le plein exercice de ses droits, sans préjudicier aux droits d'autrui ; c'est l'obéissance à la volonté générale, devenue la loi de tous. On est libre toutes les fois qu'on n'obéit qu'à cette volonté. On cesse de l'être, sitôt qu'on obéit à la volonté arbitraire & particliere. Voulons-nous conserver notre liberté, ô mes concitoyens, aimons & respectons les loix. Soumettons-nous à leur empire comme à celui du grand Être d'où vient toute autorité. *Non est potestas nisi à Deo*, Saint Paul. Sans le respect aux loix, aux décrets de nos augustes Représentants, point de liberté véritable. L'affreuse anarchie aux regards farouches, aux bras ensanglantés, ne cessera de désoler ce beau royaume. Elle nous empêchera de jouir des heureux fruits de la nouvelle constitution. Elle entretiendra les défiances, fomentera les haines, semera de vaines terreurs, achevera de détruire l'esprit public, & finira, à force de malheurs, par nous faire regréter nos anciennes chaînes. Dans ce beau jour, dans ce jour heureux où la plus douce fraternité nous unit, où nos braves guerriers coalisent ensemble pour affermir la liberté, pour consommer le grand ouvrage de la régénération de la France, jurons au Dieu des armées, au milieu de cet appareil imposant, dans ce temple qu'on peut appeler désormais le lieu de la concorde & le forum de la liberté, jurons le plus profond respect aux décrets de l'Assemblée Nationale. Faisons de généreux sacrifices au bonheur du plus grand nombre de nos freres : que les précieux, que les inestimables avantages de la liberté nous dédommagent de ces sacrifices momentanés. Avec elle vont renaître les antiques vertus, les bonnes mœurs sans lesquelles les empires sont toujours chancelants, & les loix toujours impuissantes. Avec elle va s'éteindre l'orgueil des rangs, qui repoussoit les hommes & les rendoit ennemis secrets les uns des autres. On ne verra plus accumuler sur la même tête ces excessives richesses qui ne servoient qu'à faire des corrupteurs & des esclaves ; plus de ces distinctions frivoles, de ces hochets de la vanité, & de toutes ces pitoyables chimeres qu'inventa notre orgueil pour masquer notre néant. Les vertus & les talents seront désormais les seules voies pour arriver aux places. Servir utilement sa patrie, se montrer citoyen dans toutes ses actions, défendre la constitution, & verser jusqu'à la derniere goutte de son sang pour faire exécuter les décrets de l'Assemblée Nationale, voilà les seuls titres que nous devons tous ambitionner ; voilà les vertus nouvelles qui vont fleurir parmi nous. Sur la tige féconde de la liberté va s'élever l'arbre précieux du patriotisme. Ses rameaux s'étendront d'un bout de la France à l'autre. Ses fruits seront la douce fraternité, le défintéressement, l'amour du bien public, les généreux sacrifices à la mere commune, à la patrie. Tous les enfants de cette mere tendre s'empresseront à les cueillir, les aînés & les cadets, ceux que leur fortune distingue, comme ceux que leur vertueuse médiocrité honore. Élevés désormais dans les principes d'une sainte égalité, d'une véritable fraternité, ils sçauront que nés foibles, formés du même limon, sujets à mille infirmités, forcés d'attendre leur bien-être les uns des autres, ils doivent travailler tous de concert à se rendre heureux : ils sçauront que la nature fait les hommes, & que nul d'entre eux n'est dispensé d'en remplir les devoirs sacrés : que le plus beau des privileges est d'être homme, & que le plus honorable des titres est d'être juste & bienfaisant. Ils sçauront que la plus belle connoissance est celle de soi-même, connoissance précieuse & trop négligée ; que l'étude la plus importante, l'étude de toute la vie, est celle du cœur humain & de nos rapports avec nos semblables : ils sçauront que le grand mérite de l'homme en société est d'unir ses intérêts à ceux de ses freres , d'être heureux de leur bonheur, de partager leurs plaifirs & leurs peines, de sacrifier à la paix , de préférer le tout à la partie, l'espece à l'individu , de subordonner ses volontés à l'intérêt général, en un mot d'être fidele à remplir les devoirs sacrés qu'imposent la religion , la raison , l'humanité & la justice.

Voilà les saines maximes dont se nourira désormais cette jeunesse patriote qui dans l'âge des plaifirs ne songe qu'à donner à la patrie des preuves non suspectes de son dévoûment & de son amour pour la nouvelle constitution. Formée par des maîtres citoyens , elle embellira ses vertus civiques de l'éclat des lauriers littéraires. Ses plus chers intérêts seront ceux de la patrie. Heureuse de la servir, ses veilles en seront plus laborieuses, ses efforts plus constants, & ses succès plus assurés. Elle n'oubliera jamais que chez un peuple libre, une des premieres vertus est d'être citoyen.

La liberté , Freres, nous procurera des biens infinis. C'est elle qui inspire les hautes pensées , les sentiments généreux. Elle est la mere de toutes les vertus, comme l'esclavage est le pere de tous les vices. Avec elle les âmes prendront , pour ainſi dire , une trempe nouvelle. Les petites passions , les rivalités , les jalouſies & tous ces vices d'esclave ne pourront germer sur le sol heureux de la liberté. Ce sont des productions étrangeres à ce sol fortuné. L'énergie , le courage , la probité , la candeur sont ses productions naturelles. On ne verra plus parmi nous de ces fronts abattus , courbés sous le joug avilissant de la crainte. La noble fierté de la vertu éclatera dans tous les yeux. Que les esclaves rampent & courbent la tête ; mais que l'homme libre ose la lever & contempler les cieux. Ils sont anéantis pour jamais ces prétendus droits qui n'étoient qu'une exaction de la violence ; ces droits odieux qui avilissoient l'homme , dégradoient sa nature & défiguroient l'image du Créateur : ils ne seront plus prononcés parmi nous ces mots révoltants de maître & d'esclave ; l'hydre de la féodalité a vu couper sa derniere tête. On ne connoîtra plus parmi les François que des hommes libres , des citoyens & des freres.

Que le premier usage de notre précieuse liberté soit de la défendre jusqu'à notre dernier soupir ; qu'elle agrandisse nos âmes

& nous rende supérieurs à l'intérêt & à la crainte : qu'elle nous inspire toute l'énergie du courage & toute la fierté de la vertu. Que le honteux égoisme , ce fléau des empires , qui mine sourdement leurs fondements , & cause insensiblement leur ruine , disparoisse du milieu de nous : que l'esprit public , soutien nécessaire de la liberté, se communique de toute part. Que le feu brûlant du patriotisme circule dans nos veines& les embrâse, Ombres vénérables, ombres sacrées des l'Hôpital , des Catinat & des d'Assas , inspireznous tout l'héroisme de votre dévoûment & toute l'ardeur de vos sentiments patriotiques ! Nous avons le bonheur de les retrouver ces sentiments héroiques , dans les soldats citoyens qui composent la garde nationale du Département de la Manche , ils ont juré de vivre libres ou de mourir. C'en est assez : la France conservera sa liberté, ou ils s'enséveliront avec gloire sous ses débris.

Préférons à tout le bonheur d'avoir une patrie & de la servir jusqu'à notre dernier soupir. Avant l'heureuse époque qui nous a rendus libres , nous n'avions qu'un pays : nous servions un maître , ou plutôt nous

en servions mille. Nous ofions usurper l'ho‑
norable titre de citoyens ;   & nous n'étions
que des esclaves confidérés du côté de la
consommation & des impôts ; nous avions
des villes , & point de cités ; & tout chargés
de chaînes , nous avions encore la misérable
vanité de nous croire la premiere nation de
l'univers. Indignes , ou plutôt impuissants
rejettons de ces anciens Francs qui préfé‑
roient la mort à l'esclavage , nous avions ,
pour ainfi dire , perdu jusqu'à l'idée de la
liberté , lorsque l'excès de nos maux, le
poids accablant de nos fers , nous ont for‑
cés à relever la tête. Nous avons senti alors
toute l'etendue de nos forces & toute la foi‑
blesse de nos ennemis. Soyons libres , avons‑
nous dit , & les fiers accents de la liberté ont
retenti de la capitale jusqu'aux extrémites
des provinces. J'ai vu de mes yeux , oui ,
citoyens , j'ai vu tomber en un instant les
orgueilleux remparts du despotisme. J'ai vu
nos braves freres de la capitale renverser
les murs odieux de la Bastille , & l'étendard
de la liberté flotter majestueusement sur les
débris de ces tours abhorrées. C'est de ce
moment qui fera à jamais époque dans les
annales de l'univers , c'est de ce moment

heureux que nous avons une patrie , que nous sommes des hommes libres , des citoyens & des freres ; & nous ne verserions pas jusqu'à la dernière goutte de notre sang pour conserver notre liberté , pour affermir la révolution , & faire exécuter les décrets de nos augustes Représentants ! Ah ! s'il se trouvoit parmi nous quelques-uns de ces hommes façonnés à l'esclavage , & qui semblent nés pour porter des fers ; ou quelques-uns de ces hommes qui veulent la liberté pour eux & des chaînes pour leurs semblables ; de ces hommes qui avilissent le peuple pour avoir le droit de l'opprimer , je dirois aux premiers , malheureux , vous oubliez donc la noblesse de votre origine , la grandeur de vos destinées. Quoi ! l'Être suprême a respecté la liberté de ses créatures , & vous consentez à être esclaves ! vous commettez contre vous - même le plus horrible des attentats , vous tuez, pour ainsi dire , votre âme ; vous anéantissez la moralité de vos actions. Je dirois aux autres, ambitieux que vous êtes , qui faites consister votre prétendue grandeur dans la bassesse & l'avilissement de vos freres , vous ne respectez donc plus ni Dieu ni les hommes ? La

religion de vos peres , la religion de Jesus-
Christ ne parle donc plus à votre cœur ? Le
véritable esprit de l'évangile recommande-
t-il autre chose que la sainte égalité , que la
douce fraternité ? N'y avez-vous pas lu mille
fois que Jesus n'est pas venu sur la terre
pour commander , mais pour obéir ? que celui qui voudra être le premier sera le dernier ? Eh ! comment donc après de tels ora-
cles , osez-vous vous dire chrétiens , & ambitionner une autorité despotique & arbitraire ? O Dieu de la liberté , qui la respecte
dans l'homme ton image , Dieu de ma patrie , Dieu des François , c'est sous tes yeux
que cette armée de guerriers citoyens se réu-
nit pour affermir la plus belle & la plus
étonnante révolution de l'univers , fais ré-
gner parmi eux la plus douce & la plus in-
violable fraternité ! qu'ils soient à jamais
unis , & ils seront à jamais invincibles ! bé-
nis leurs étendards ! qu'ils soient pat-tout
le signal de la victoire ! qu'à leur aspect les
ennemis du bien public, de ma chere patrie
fuient déconcertés ! répands sur eux l'esprit
de crainte & de terreur ! qu'ils ayent peur
d'eux-mêmes ! Par-tout le méchant doit
trembler , & l'homme de bien , le bon

citoyen demeurer ferme & inébranlable,
Freres, une noble & sainte pensée vient
tout à coup remplir mon âme & transporter
mon cœur. Levons tous la main , & jurons
tous ensemble par les armes de nos guerriers
qui ne les employeront que contre les ennemis de la patrie , par ce temple antique où
reposent les cendres de nos peres, par l'astre
du jour qui nous éclaire , par le Dieu qui
fit le monde ; par Jesus qui l'a racheté au
prix de son sang , jurons de vivre libres ou
de mourir , & notre liberté est assurée.
Dieu des François , étends mes vœux & les
exauces.

A COUTANCES , de l'Imprimerie de J. N.
AGNÈS. 1791.